Juegos de Lectura
LECTURA EFICAZ

¡A la China mandarina!

Bruño

GRUPO ANAYA

¿A QUÉ JUGAMOS?

2

SALIDA

3

Las reglas del juego

PASO 1 Leed el texto y observad atentamente la cubierta y la contracubierta de vuestro libro ¡A la China mandarina!

PASO 2 Leed estas pistas para saber cómo va a mejorar vuestra lectura.

LEO Y COMPRENDO   **LEO Y PIENSO**

LEO A MI ALREDEDOR   **LEO EN VOZ ALTA**

➜ Comprenderé todo tipo de textos.
➜ Organizaré mis ideas.
➜ Leeré mejor en voz alta.

CONOZCO LA LENGUA

➜ Aprenderé el significado de las palabras y cómo emplearlas.

ENTRENO MI VISTA

➜ Sabré concentrarme mejor.

ENTRENO MI MEMORIA

➜ Reforzaré mi memoria visual.

ESCUCHO Y COMPRENDO

➜ Comprenderé mejor las lecturas que escucho.

¿Qué necesitas?

→ Fichas de color para cada jugador.

→ Un dado.

¡ME GUSTA LEER!

¡A la China mandarina!
Rosa Huertas

1 Di dos cosas que describan a cada uno de los protagonistas de esta historia.

CONTRACUBIERTA

2 ¿Quién es Kumpey y dónde pasa la mayor parte del tiempo?

3 ¿Para qué va Kumpey a una academia?

4 ¿A quién conoce en la academia?

5 Yiman y Kumpey se embarcan en una emocionante aventura, ¿cuál es?

PASO **3** Tapad las pistas con una hoja de papel.

PASO **4** Organizaos en grupos de 3 o 4 participantes. Uno de vosotros arbitrará el juego y dirá si las respuestas son válidas.

PASO **5** El primer jugador tira el dado y avanza las casillas que indique (puede iniciar el juego el participante que saque el número más alto).

PASO **6** ■ Si cae en una casilla vacía, pierde la vez.
■ Si cae en una casilla con círculo de color, tiene que explicar en qué le ayudará este tipo de actividad.
■ Si cae en una casilla numerada, contestará a la pregunta sobre la cubierta y la contracubierta.

PASO **7** ■ Si aciertas, adelantas una casilla.
■ Si fallas, retrocedes dos casillas y pasas el turno a otro jugador.

PASO **8** Gana quien llegue primero a la meta.

JUEGO 1

LEE EN SILENCIO

Puedes consultar el libro las veces que lo necesites

¡Empezamos!

Lee los **capítulos 1** y **2** y, después, realiza las actividades.

→ **Los padres de Kumpey tienen...**

a una librería.

b una zapatería.

c una frutería.

→ **En el colegio, Kumpey era...**

a tímido y reservado.

b aburrido y triste.

c bromista y divertido.

→ **El nombre español de Kumpey es:**

a Pedro.

b Luis.

c Jorge.

→ **¿Cómo llaman a Kumpey?**

a El Chino Cordones.

b El Chino Bromista.

c El Chino Zapatero.

→ **¿Cómo se ganó Kumpey el respeto de sus compañeros?**

→ **Indica si las siguientes afirmaciones son verdaderas (V) o falsas (F).**

	V	F
• Es bueno arreglando cosas que se rompen.	☐	☐
• Su plato preferido es el pollo al limón.	☐	☐
• Es experto en hacer nudos y trenzas.	☐	☐
• Sus tíos tienen una tienda de ropa.	☐	☐

→ **¿Cuál es el nombre de la zapatería de Kumpey?**

☐ Sol.   ☐ Oferta.   ☐ Suerte.   ☐ Ni Hao.   ☐ No me acuerdo.

→ **Une los nombres chinos de sus primos con su significado en español.**

Chao •   • Virtuoso

Dishi •   • Superior

→ **¿Por qué a Kumpey no le gusta la zapatería?**

Juega con las palabras

Busca cada palabra en la página indicada del libro. Lee el párrafo en el que está para deducir su significado.

→ **Escribe el número de cada palabra junto a su significado.**

1 **madeja** (página 12)

2 **alboroto** (página 16)

3 **mofletes** (página 18)

4 **escabullía** (página 18)

5 **cabizbajo** (página 21)

6 **letreros** (página 23)

☐ Carrillo grueso y carnoso.

☐ Con la cabeza hacia abajo por tristeza.

☐ Cartel con un nombre o información.

☐ Conjunto de hilos o fibras enrollados en forma de bola.

☐ Muchas voces y gritos a la vez.

☐ Se iba o escapaba.

→ **Escribe las palabras del ejercicio anterior que correspondan con las imágenes.**

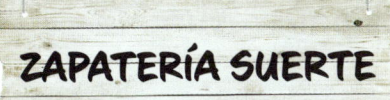

ZAPATERÍA SUERTE

→ **Rodea los mofletes del niño de la imagen.**

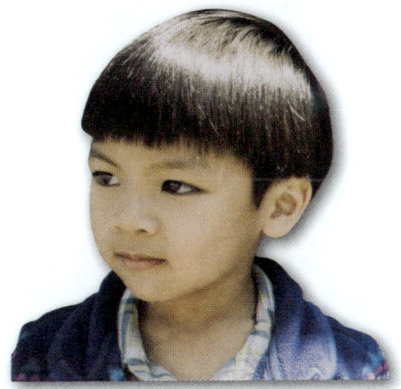

→ **Señala la oración en la que la palabra resaltada se usa correctamente.**

☐ No pudo dormir por el **alboroto** de la calle.

☐ La letra de la canción es **cabizbaja**.

Encaja las piezas

Escribe tres oraciones utilizando un grupo de palabras de cada columna.

Kumpey	hablarían	las manitas.
¿En qué idioma	a usar	de verdad.
Aprendió rápido	se sentía chino	los niños del colegio?

1 _____

2 _____

3 _____

En clave

Lee el texto y elige las dos palabras que consideres más importantes para resumirlo.

> Kumpey era feliz en el colegio. Le gustaban la luz que entraba por las ventanas, las voces de sus compañeros, lo que aprendía, el idioma (que ya dominaba) y hasta la comida de comedor.

➜ **He elegido las palabras...**

_____ : porque _____

_____

_____ : porque _____

_____

Letras repetidas

Escribe las letras de cada conjunto que se repiten dos veces.

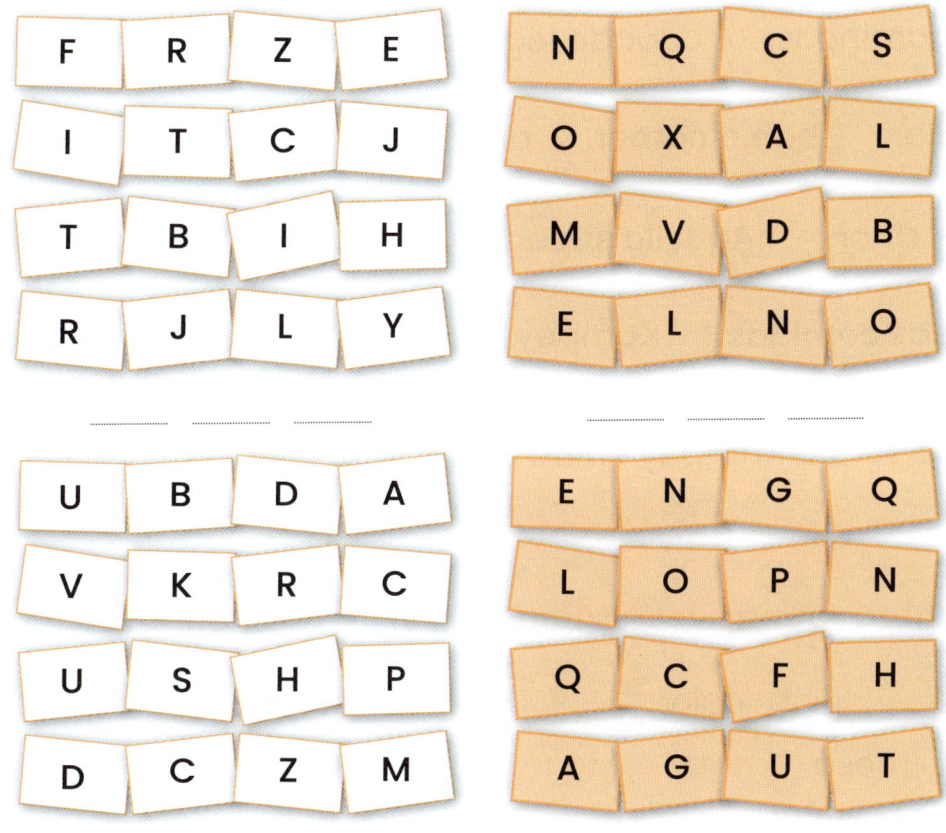

F	R	Z	E
I	T	C	J
T	B	I	H
R	J	L	Y

....

N	Q	C	S
O	X	A	L
M	V	D	B
E	L	N	O

....

U	B	D	A
V	K	R	C
U	S	H	P
D	C	Z	M

....

E	N	G	Q
L	O	P	N
Q	C	F	H
A	G	U	T

....

¿Qué sabes de la lectura en voz alta?

Marca V o F al lado de cada afirmación, según sea verdadera o falsa.

	V	F
• Cuando se lee para uno mismo, se utiliza una lectura silenciosa.	☐	☐
• Cuando se lee para los demás, se lee en voz alta.	☐	☐
• La postura no importa. Conviene balancearse y moverse mucho.	☐	☐
• Hay que mirar a los oyentes para captar su atención.	☐	☐
• No se prepara el texto en silencio antes de leer en voz alta.	☐	☐

➜ **¿Qué es lo más importante cuando lees en voz alta?**

☐ Leer muy rápido.

☐ Que entiendan tu mensaje.

☐ Leer gritando mucho.

➜ **Compara las respuestas con las de tus compañeros y compañeras.**

Solo con los ojos

Lee las palabras de cada etiqueta de un solo golpe de vista.

Algunos domingos,   cuando lograban   cerrar

a mediodía,   iban a comer   al restaurante

de los tíos Chen.   Aquello suponía   una pequeña fiesta,

solo en esas comidas   Kumpey   se sentía   chino de verdad.

➡ **¿Cuándo se sentía Kumpey chino de verdad?**

_____

Lee las palabras varias veces fijando la vista en el punto.

hilo ● color   calle ● vida

mesa ● caja   alumno ● tienda

alumno ● silencio   camino ● colegio

➡ **¿Qué palabra se repite dos veces?** _____

Busca, en las columnas del mismo color, las palabras que son diferentes. Subráyalas en las columnas 3 y 4.

1	2	3	4
lana	tienda	rana	tienda
escuela	boca	escuela	roca
padre	nombre	padre	nombre
banco	fiesta	banco	siesta
mano	bolso	mono	bolso
barrio	liso	barrio	piso
cliente	ruido	cliente	ruido
susto	ojo	justo	ojo

➡ **Responde rápidamente.**

En la columna 1...

● ¿Cuántas palabras no llevan **a**? ☐

● ¿Cuántas palabras terminan en **o**? ☐

En la columna 2...

● ¿Qué palabra se lee igual de izquierda a derecha que de derecha a izquierda?

_____

Mi diario de viaje: China

Lee con atención este diario y realiza las actividades.

Querido diario:

¡Por fin llegamos a China! Es un país gigantesco, el tercero más grande del mundo, después de Rusia y Canadá.

Nos alojamos en su capital, Pekín. Hay unos rascacielos altísimos y visitamos La Ciudad Prohibida, donde vivían en el pasado los emperadores. ¡Dicen que hay un tesoro escondido allí, ojalá lo encontremos!

Hemos visitado un mercado famoso por sus comidas extrañas. ¡Hasta probé la brocheta de escorpiones!

La moneda oficial es el yuan, así que papá y mamá cambiaron euros por yuanes antes de llegar.

 El color que más les gusta es el rojo. De hecho, de ese color es su bandera, roja con cinco estrellas amarillas.

Hemos jugado al ping pong y se me da bastante bien. ¡Los chinos son los mejores jugadores de ping pong en el mundo!

Mañana visitaremos más sitios y seguiré escribiendo. Buenas noches, querido diario.

➜ **Indica si las siguientes afirmaciones son verdaderas (V) o falsas (F).**

	V	F
• La capital del país es Hong Kong.	☐	☐
• El bádminton es el deporte nacional.	☐	☐
• En La Ciudad Prohibida vivían antiguamente los emperadores.	☐	☐
• Su moneda oficial es el yuan.	☐	☐

➜ **¿Qué puedes visitar en Pekín?**

_____

➜ **Rodea la bandera de China.**

➜ **Explica con tus palabras qué es un diario de viaje. ¿Has escrito alguno? ¿Qué viaje describiste?**

_____

_____

LEE EN SILENCIO

Puedes consultar el libro las veces que lo necesites

¡Empezamos!

Lee el **capítulo 3** y, después, realiza las actividades.

→ **¿Cómo se llama la academia?**

a Yuan Chan.

b Chan Chan.

c Hua Yuan.

→ **¿Qué aprende en la academia?**

a Lengua española.

b Cultura y escritura chinas.

c Matemáticas.

→ **¿Qué día va Kumpey a la academia?**

a El sábado.

b El domingo.

c El jueves.

SEPTIEMBRE 18

→ **¿Cuántas palabras tiene el alfabeto chino?**

a Más de cincuenta mil.

b Treinta mil.

c Cinco mil palabras.

→ **Indica si las siguientes afirmaciones son verdaderas (V) o falsas (F).**

V F

- La escritura china es el lenguaje escrito más antiguo del mundo. ☐ ☐

- A Kumpey no le gusta aprender cosas nuevas. ☐ ☐

- La escritura china es muy simple. ☐ ☐

- Nicolás tuvo que buscarse otro amigo para los sábados. ☐ ☐

→ **Numera estas situaciones del 1 al 4, según el orden en el que suceden.**

☐ Las niñas se llevaron un buen tirón de pelo y les costó soltarse.

☐ Fang y Jiang Li se convirtieron en buenas amigas de Kumpey.

☐ Kumpey anudó en una trenza el cabello de dos niñas.

☐ Kumpey les regaló unas pulseras de hilos de colores.

→ **Kumpey tiene algún pariente lejano en...**

☐ Hong Kong.   ☐ Pekín.   ☐ Shanghái.

→ **¿Le gustaba a Kumpey ir a la academia?**

Juega con las palabras

Busca cada palabra en la página indicada del libro. Lee el párrafo en el que está para deducir su significado.

➡ **Escribe cada palabra al lado de su definición.**

- **habían emigrado** (página 30)

- **antepasados** (página 31)

- **lenguaje** (página 35)

- **gorriones** (página 35)

- **caligrafía** (página 36)

1 Familiares lejanos de una persona.

2 Arte de escribir con una letra bonita.

3 Habían dejado su país para vivir en otro.

4 Capacidad de expresarse hablando y escribiendo.

5 Ave pequeña, de cuerpo rechoncho y pico grueso.

Texto numerado

Lee este texto numerado.

1 ¿Se alegraba de

2 ser chino? Nunca

3 se había hecho esa

4 pregunta hasta que

5 llegó a la

6 academia. Allí

7 aprendía cosas

8 divertidas. Le contaban

9 cuentos legendarios,

10 historias que

11 hablaban de sueños,

12 de monjes, de

13 grullas, de príncipes

14 Pero... ¡esa

15 caligrafía

16 imposible!

➡ **Escribe en qué línea aparecen las siguientes palabras.**

príncipes: _____   caligrafía: _____   pregunta: _____   imposible: _____   cosas: _____

cuentos: _____   chino: _____   academia: _____   grullas: _____   sueños: _____

Verdadero o falso

Vuelve a leer el texto de la página anterior.

➡ **Indica si las siguientes afirmaciones son verdaderas (V) o falsas (F).**

	V	F
• En la academia contaban cuentos modernos.	☐	☐
• En la academia Kumpey aprendía cosas divertidas.	☐	☐
• A Kumpey la caligrafía china le parece muy difícil.	☐	☐
• Kumpey se sentía menos raro en la academia.	☐	☐
• La escritura china es más difícil que las matemáticas.	☐	☐

¿Cómo pronuncias?

Practica con estos trabalenguas para mejorar tu pronunciación.

¿Por qué se le llama bota
a la bota y no a la pelota,
si lo que bota es la pelota
y no la bota?

Trenza, desenreda,
entrelaza,
la trenza de la
compañera,
la más larga y bella,
de todas las trenzas bien
trenzadas.

Autoevaluación

¿Pronuncias correctamente el texto para que te entiendan con claridad?

Valóralo del 1 al 10

1 2 3 4 5 6 7 8 9 10

Al revés

Relaciona las palabras de la columna A con las que están escritas a la inversa en la columna B.

¡Fíjate en el ejemplo!

	A			B
A	amiga			amoidi
B	significado			aznert
C	historia			agima
D	idioma		B	odacifingis
E	trenza			oír
F	río			airotsih

	A			B
A	origen			amolap
B	olor			soña
C	siglos			sodabás
D	paloma			rolo
E	sábados			negiro
F	años			solgis

En resumen

Marca con una ✗ el resumen que te parezca más apropiado para este texto.

La leyenda más popular en China sobre el origen de esta escritura dice que fue invención de Cang Jie, a quien el emperador Huang Di encargó la tarea de crear un sistema para plasmar su lenguaje. Según la leyenda, este ministro se basó en las huellas que dejaban los pájaros en la tierra.

Los pájaros se comunicaban entre ellos a través de sus pisadas y sabían decirse dónde había comida o agua.

La escritura china fue inventada por el ministro chino Cang Jie, que relacionó las huellas de los pájaros con los caracteres escritos.

El emperador Huang Di tuvo un sueño en el que inventaba la escritura observando a unos pájaros.

Solo con los ojos

Lee el texto saltando de la columna izquierda a la derecha.

La academia estaba de la zapatería y, lo acompañaba llevaba corriendo a la tienda. Pero convenció para que

un poco lejos al principio, siempre su madre, que lo para regresar enseguida pronto Kumpey la lo dejase ir solo.

→ **¿Cómo iba Kumpey a la academia?**

....

Lee las palabras varias veces fijando la vista en el punto.

año	●	día		pelo	●	huella
huella	●	juego		lengua	●	cara
dulce	●	salado		parque	●	cabello

→ **¿Qué palabra se repite dos veces?** ....

Escribe las palabras que se repiten en cada columna y el número de veces que lo hacen.

A
hombro
cielo
cabello
regalo
piel
libro
pelota
piel
cabeza
sonrisa
cabello
piel
pelota

B
zapato
cara
mano
vestido
noche
cara
secreto
bandera
mano
cosa
cara
luz
noche

A
....
....
....

B
....
....
....

Aventuras numéricas

Fíjate en este cartel. Lee con atención los números del 1 al 10 en chino y realiza las actividades.

➡ Pronuncia en voz alta el nombre en chino de cada número. Después, repasa los signos en transparencia para practicar su escritura.

LOS NÚMEROS CHINOS

1	一	yī	一		6	六	liū	六
2	二	èr	二		7	七	qī	七
3	三	sān	三		8	八	bā	八
4	四	sì	四		9	九	jiǔ	九
5	五	wū	五		10	十	shí	十

➡ Cuenta los farolillos dentro de cada cuadro. Escribe el número en chino y dibuja el signo como en el ejemplo.

yī   一

➡ ¿Qué número te parece más difícil? ¿Por qué?

JUEGO 3

LEE EN SILENCIO

Puedes consultar el libro las veces que lo necesites

¡Empezamos!

Lee el **capítulo 4** y, después, realiza las actividades.

→ **Al ver a Yiman, Kumpey se fijó en...**

a su trenza.

b su sonrisa.

c su ropa.

→ **¿Cómo se llama Yiman en español?**

a María.

b Andrea.

c Alicia.

→ **Yiman había vivido...**

a siempre en España.

b hasta los dos años en China.

c hasta los cinco años en China.

→ **¿Qué le regaló Kumpey a Yiman?**

a Un colgante.

b Un dibujo.

c Una pulsera trenzada.

→ **Marca las afirmaciones que son verdaderas.**

☐ Kumpey deseaba deshacer y rehacer la trenza de Yiman.

☐ Cuando Kumpey le deshizo su trenza, Yiman se puso a reír.

☐ Yiman se giró y Kumpey vio la cara más guapa que había visto nunca.

☐ Yiman quiere aprender chino.

→ **Indica si cada una de estas afirmaciones es una opinión (O) o un hecho (H).**

	O	H
• Yiman no pudo darle las gracias a Kumpey por la pulsera.	☐	☐
• Es una tontería ir a la academia para Yiman.	☐	☐
• Cuando es tu cumpleaños, te regalan sobres rojos con dinero.	☐	☐

→ **¿Cuál fue el mejor momento de la vida de Yiman?**

....

→ **¿Por qué crees que Yiman no quería saber nada de China?**

....

....

Juega con las palabras

Busca cada palabra en la página indicada del libro. Lee el párrafo en el que está para deducir su significado.

➜ **Marca la definición correcta.**

- **tentación** (página 38)

  ☐ Prohibición de hacer algo.

  ☐ Deseo de hacer algo.

- **azabache** (página 38)

  ☐ Piedra de color amarillo brillante.

  ☐ Piedra de color negro brillante.

- **escurridizo** (página 40)

  ☐ Que se desliza fácilmente.

  ☐ Que se enreda fácilmente.

- **orfanato** (página 42)

  ☐ Hogar para niños.

  ☐ Lugar donde se almacena grano.

- **rasgados** (página 42)

  ☐ Brillantes.

  ☐ Alargados.

- **delataban** (página 43)

  ☐ Revelaban algo oculto.

  ☐ Escondían algo.

➜ **Elige una palabra del ejercicio anterior de la que no conocías su significado o te parezca difícil. Escribe una oración con ella.**

Palabra: ....

Oración: ....

....

➜ **Escribe las palabras del ejercicio anterior que se correspondan con las imágenes.**

....

➜ **Señala la oración en la que la palabra resaltada se usa correctamente.**

☐ Tuve la **tentación** de abandonar la carrera, pero seguí hasta el final.

☐ Voy a **delatar** al camarero un refresco y un bocadillo de jamón.

Encaja las piezas

Une un fragmento de cada columna para formar oraciones.
Cópialas debajo.

¿Quieres que vayamos ●	● tiene más de seis mil letras.
El alfabeto chino ●	● hacer nudos marineros, atar y desatar...
Se me da muy bien ●	● juntos a China?
Cuando seas mayor ●	● te arrepentirás de no haber aprendido tu idioma.

1 ....

2 ....

3 ....

4 ....

Sigue las pistas

Lee las pistas y averigua cuál de estas chicas es Yiman.

Pistas

Es muy guapa.

Su rostro es redondo y sus ojos rasgados.

Tiene una trenza.

Su cabello es negro.

A

D

B

E

C

➡ **Yiman es la niña que lleva la letra:** ....

¡Mucha atención!

Escribe cuántas veces se repiten las letras o los números indicados en cada recuadro.

6	8	2	0	1
7	8	5	7	2
3	0	4	0	5
4	2	7	3	6
9	3	1	8	4

Número	Repeticiones
1	
3	
8	
9	

Letra	Repeticiones
b	
f	
j	
p	

u	p	c	q	f
b	d	h	z	e
i	f	b	x	g
d	j	l	s	b
m	r	d	w	p

¿Usas el volumen adecuado?

Lee cada línea con la intensidad indicada.

alto	Prefiero que me llames Alicia.
bajo	Aunque no sé
normal	si me vas a ver más veces.
bajo	No quiero aprender chino,
alto	es una tontería.
muy alto	Yo no soy china.
bajo	Voy a convencer a mi madre
normal	para que no me traiga
muy alto	nunca más.

Autoevaluación

¿Has usado la **intensidad** y **volumen** adecuados para leer el texto?

Valóralo del 1 al 10

1	2	3	4	5	6	7	8	9	10

Solo con los ojos

Lee las palabras de cada etiqueta de un solo golpe de vista.

Su madre   deseaba   que la niña   conociera   el idioma   y la cultura

del país   donde   había nacido,   pero Yiman   lo rechazaba.   No quería

saber nada   de China   y no quería   parecer china.

➡ ¿Qué quería la madre de Yiman? ¿Y Yiman? ....

....

Lee las palabras varias veces fijando la vista en el punto.

idea ● río	cara ● dedo
sobre ● beso	sobre ● rostro
nombre ● hombro	cultura ● compañeras

➡ ¿Qué palabra se repite dos veces? ....

Subraya las palabras que han cambiado en la hoja de la izquierda.

Durante la clase, Kumpey no paró de pensar en esa trenza, en lo maravilloso que sería hacerla y deshacerla, llenarla de lazos y nudos. ¿Cómo sería su dueña? No se retrasó en averiguarlo. [...] Kumpey la deshizo en un momento, sin que la chica se enterara.

Durante la clase, Kumpey no dejó de pensar en aquella trenza, en lo estupendo que sería hacerla y deshacerla, llenarla de lazos y de nudos. ¿Cómo sería su propietaria? No tardó en averiguarlo. [...] Kumpey la deshizo en un segundo, sin que la niña se diese cuenta.

Quién es quién

Observa con atención este juego y realiza las actividades.

¡Adivina adivinanza!

Paco   Alba   Daniel   Rafa   Paz   Noelia   Elisa

Jorge   Pablo   Irene   Mar   Antonio   Elena   Rosa

Lucas   Iván   Carmen   Tomás   Carlos   Luis   Manolo

Julia   Paula   Cristina   Juan   María   Tatiana   Lucía

→ **Indica si las siguientes afirmaciones son verdaderas (V) o falsas (F).**

	V	F
Julia es la única chica con el pelo rubio.	☐	☐
Carlos y Tatiana llevan colgada una cámara de fotos.	☐	☐
Paco es el único que tiene barba.	☐	☐
María es la que tiene el pelo más largo de todas.	☐	☐

→ **¿Cuántos personajes llevan gafas para ver?**

☐ 3   ☐ 6   ☐ 4   ☐ 2   ☐ 5

→ **¿De qué color tiene el pelo Carlos?** _____

→ **¿Cuántos personajes llevan una camiseta de tirantes?** _____

_____

→ **Elige un personaje y descríbelo.**

_____

_____

Organiza las ideas

Fíjate en las palabras de este texto y dónde se colocan en el gráfico.

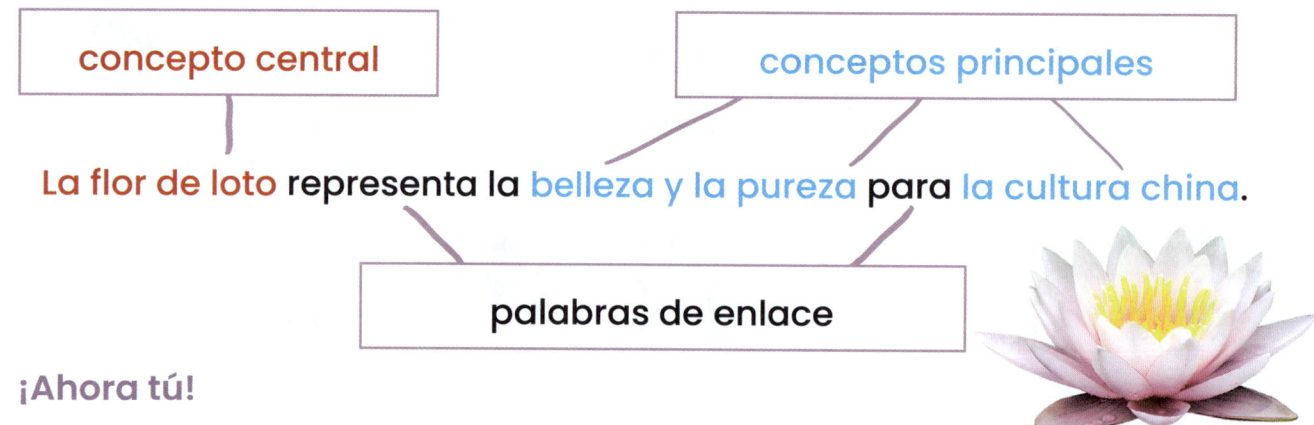

concepto central

conceptos principales

La flor de loto representa la belleza y la pureza para la cultura china.

palabras de enlace

¡Ahora tú!

→ Rodea con un círculo rojo el concepto central y con un círculo azul los conceptos principales. Subraya las palabras de enlace.

Las flores más estimadas son la peonía, la orquídea y la rosa.

→ Coloca cada palabra en su lugar correspondiente.

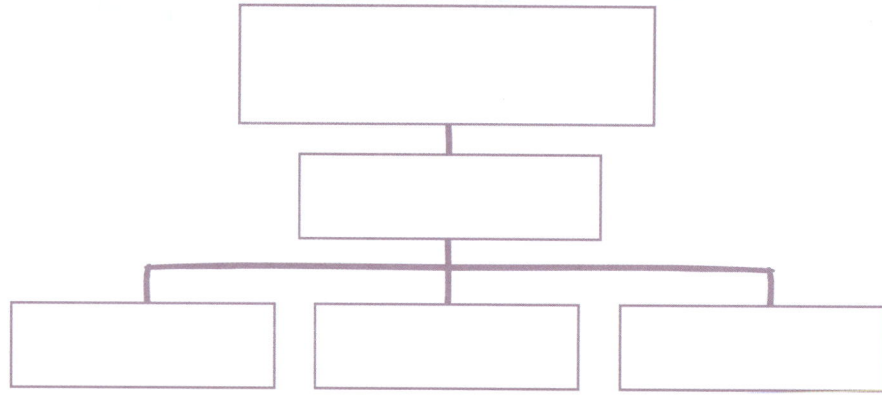

¡Y al revés!

→ Escribe el texto que corresponda a las palabras del gráfico.

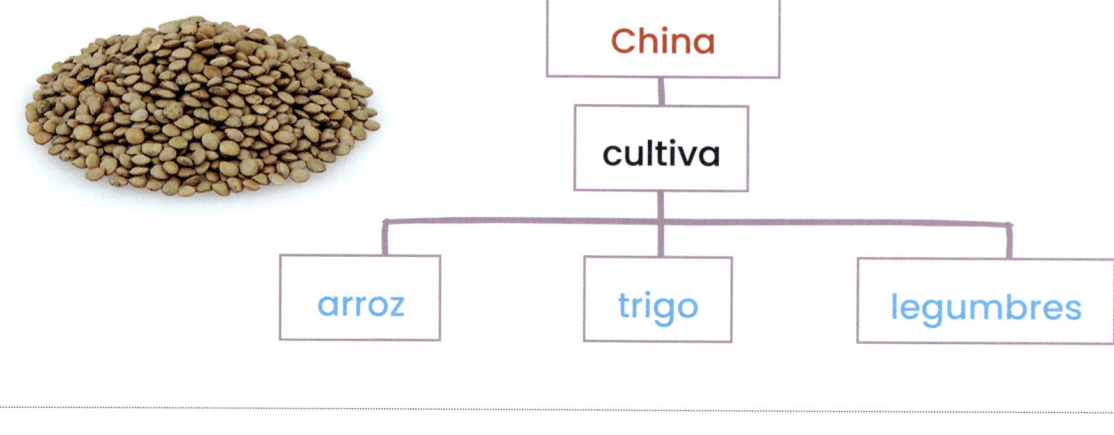

China

cultiva

arroz   trigo   legumbres

El texto está en las páginas 38 a 41 del libro.

Un mundo de aventuras comienza hoy

Presta mucha atención al texto que vas a escuchar. Luego, realiza las actividades.

→ **¿Por qué llora Yiman?**

a Porque no quiere estar allí.

b Porque se ha llevado un tirón de pelo.

c Porque le han deshecho su trenza.

→ **¿Cómo le indicó que volviera a hacer la trenza?**

a Se lo dijo directamente.

b Señaló con el dedo su pelo.

c No lo indicó.

→ **Kumpey temió que la profesora...**

a le regañara.

b le expulsara de clase.

c hablase con sus padres.

→ **¿Cuántos «no» dice Yiman cuando se presenta?**

a 2.

b 4.

c 5.

→ **Marca con una cruz las tres afirmaciones que son verdaderas.**

☐ Yiman prefiere el nombre de Alicia.

☐ En casa, a Kumpey le llaman Jorge.

☐ En la academia, usan sus nombres chinos.

☐ En el colegio, a Kumpey le llaman Chino Cordones.

→ **Relaciona cada gesto de los protagonistas con su sentimiento.**

Ponerse rojo. •   • Sorpresa.

Abrir la boca. •   • Rabia.

Romper a llorar. •   • Disgusto.

→ **¿Qué significan estos otros gestos que usamos habitualmente?**

1 Asentir con la cabeza. _____

2 Fruncir el ceño. _____

3 Mover la cabeza de derecha a izquierda. _____

4 Elevar los hombros. _____

→ **Inventa un nuevo título para el texto que has escuchado.**

_____

_____

JUEGO 4

LEE EN SILENCIO

Puedes consultar el libro las veces que lo necesites

¡Empezamos!

Lee el **capítulo 5** y, después, realiza las actividades.

➜ **Tener un nombre en español y otro en chino a Nicolás le parece...**

a un lío.

b complicado.

c divertido.

➜ **Alicia en el País de las Maravillas es...**

a un libro.

b una película.

c un libro y una película.

➜ **Kumpey relaciona China con...**

a el País de las cosas curiosas.

b el País de las Maravillas.

c el País de los sueños.

➜ **El Viejo Marino les enseña a hacer:**

a nudos marineros.

b comida marinera.

c dibujos marineros.

➜ **¿Por qué es tan importante que un marinero sepa hacer nudos para amarrar su embarcación?**

➜ **Marca las afirmaciones que son verdaderas.**

☐ Viejo Marino es un apodo.

☐ Era el cocinero de un bar.

☐ La especialidad del bar eran las gambas.

☐ Había sido capitán de barco.

☐ No era habilidoso haciendo nudos.

➜ **Numera del 1 al 4 los pasos para hacer el nudo vuelta de escota.**

☐ Coger dos cuerdas. Formar un hueco con uno de los cabos.

☐ Rodear por detrás.

☐ Meter el otro cabo por el hueco.

☐ Cruzarlo y tirar.

➜ **¿Estás de acuerdo en que cada persona tiene su habilidad? ¿Cuál es tu habilidad?**

Juega con las palabras

Busca cada palabra en la página indicada del libro. Lee el párrafo en el que está para deducir su significado.

➡ **Escribe el número de cada palabra junto a su significado.**

1 **apodo** (página 48)

2 **amarrar** (página 48)

3 **embarcación** (página 48)

4 **soga** (página 48)

5 **deriva** (página 49)

6 **cabo** (página 49)

Atar.

Desvío de un barco.

Cuerda.

Sobrenombre que se le da a una persona.

Vehículo capaz de navegar por el agua.

Cada uno de los extremos de las cosas.

➡ **Completa las oraciones con algunas de las palabras del ejercicio anterior.**

A causa de los fuertes vientos, la _____ se fue a la

_____

Para hacer este nudo, hay que coger cada _____ de la

_____

Sopa de letras

Busca las palabras de la nota en la sopa de letras.

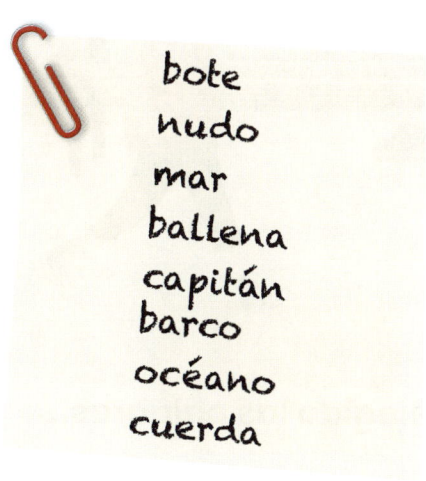

bote
nudo
mar
ballena
capitán
barco
océano
cuerda

➡ **Busca el apodo del protagonista de este capítulo.**

_____

A ver si recuerdas

Tacha las cinco palabras que no estaban en la nota del ejercicio anterior.

barco

timón

cuerda

olas

vela

ballena

bote

popa

nudo

delfín

En clave

Lee el texto y elige las dos palabras que consideres más importantes para resumirlo.

¡Ah! Y también eres el mejor amigo que se puede tener.
Los chicos se agarraron por los hombros y continuaron saltando en dirección a sus casas. La amistad les hacía invencibles.

➔ **He elegido las palabras...**

_____ : porque _____

_____ : porque _____

➔ **Sin volver a leerlo y usando las palabras elegidas, resume el texto al resto de la clase.**

¡Mucha atención!

Observa el recuadro y responde lo más rápido que puedas.

➜ **¿Qué número se repite tres veces?** _____

➜ **¿Qué número se repite dos veces?** _____

➜ **¿Qué número no aparece?** _____

➜ **¿Cuántas letras diferentes hay en total?** _____

¿Cuidas la velocidad?

Lee en silencio el texto antes de hacerlo en voz alta.

➜ **Debes leer muy rápido las palabras en negrita y muy despacio, las subrayadas.**

> —**¡Eso de tener dos nombres,** como vosotros, <u>es divertido</u> —le decía Nicolás—.
> **A mí me gustaría llamarme Juan Pedro,** un nombre compuesto <u>te hace parecer</u> <u>importante</u>.
> —Entonces tendrías tres nombres: **Juan, Pedro y Nicolás.** <u>Creo que son demasiados</u>.

Autoevaluación

¿Tu velocidad lectora es la adecuada para que tu mensaje se escuche con claridad?

Valóralo del 1 al 10

| 1 | 2 | 3 | 4 | 5 | 6 | 7 | 8 | 9 | 10 |

Solo con los ojos

Lee las palabras de cada etiqueta de un solo golpe de vista.

En las embarcaciones   a vela   se usaba   para asegurar

las cuerdas   —les explicaba   el Viejo Marino

mientras practicaban—.   Es   muy antiguo,   se sabe

que este nudo   ya era usado   en la época   de los egipcios.

➡ **¿Para qué se usaba ese nudo? ¿Desde cuándo se utilizaba?**

Lee las palabras varias veces fijando la vista en el punto.

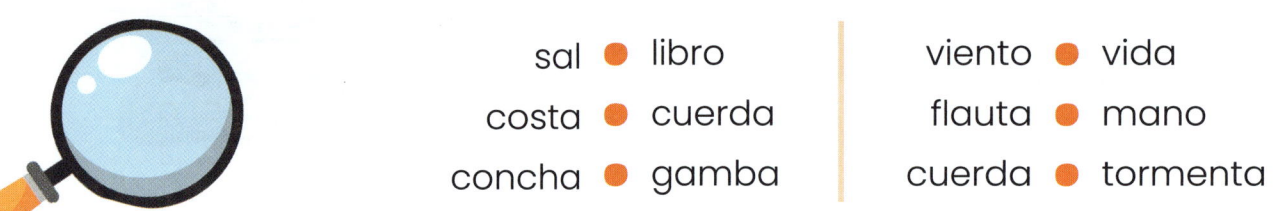

sal ● libro   viento ● vida

costa ● cuerda   flauta ● mano

concha ● gamba   cuerda ● tormenta

➡ **¿Qué palabra se repite dos veces?** _____

¿Cuántas veces se repite la primera palabra de cada serie?

clase	frase, base, fase, clase, clave, clase, calle, yate, talle, valle, acre, clase, pase, cable, clase, parche, nave, tarde, tanque.	▢
playa	malla, playa, valla, balsa, brasa, pasta, playa, llaga, laca, lata, tabla, plaza, playa, lancha, racha, nalga, placa, playa, planta, playa, rana.	▢
roca	mora, ropa, roca, orca, roca, proa, potra, soga, roca, soja, pompa, roca, tropa, rosa, roca, bota, bola, bolsa, gota, roca.	▢
hombre	hombre, hombro, logro, moño, torre, noche, coche, cofre, conde, hombre, molde, monte, profe, bronce, nombre, hombre, monje, norte, borde, bote.	▢

¿Aprendemos a hacer nudos?

Lee con atención estas instrucciones y realiza las actividades.

EL NUDO LLANO

El nudo llano se usa para unir dos cuerdas del mismo grosor. ¿Sabías que, aunque su origen se remonta a la navegación, hoy en día tiene múltiples usos en la vida cotidiana? Por ejemplo, para asegurar cargas en los transportes, cerrar bolsas o incluso atar vendajes.

1 Hacemos medio nudo simple.

2 Sobre este, volvemos a hacer otro medio nudo simple.

3 Nos aseguramos de que los dos extremos sobresalgan por igual.

4 Apretamos bien tirando de los extremos y ya están unidas las dos cuerdas.

➡ **Indica si las siguientes afirmaciones son verdaderas (V) o falsas (F).**

	V	F
El nudo llano se usa para unir dos cuerdas.	☐	☐
Las cuerdas pueden ser de grosores diferentes.	☐	☐
Podemos usar el nudo llano para sujetar objetos en el coche.	☐	☐
El nudo llano es muy utilizado en primeros auxilios.	☐	☐

➡ **Ahora intenta hacer tú un nudo llano. ¿Qué paso te ha costado más?**

JUEGO 5

LEE EN SILENCIO

Puedes consultar el libro las veces que lo necesites

 **¡Empezamos!**

Lee el **capítulo 6** y, después, realiza las actividades.

→ **Al sábado siguiente Yiman...**

a no llevaba puesta la pulsera.

b llevaba puesta la pulsera.

c le devolvió la pulsera.

→ **¿Qué sorpresas le dio Kumpey a Yiman?**

a Un cuaderno y un estuche.

b Un peluche y un libro.

c Una piedra y un pincel.

→ **La piedra provenía:**

a de la Gran Muralla.

b de la playa.

c de una tienda.

→ **¿Por qué no quiere Yiman llevarse los regalos de Kumpey a casa?**

a Ocupan mucho espacio.

b No quiere que su madre los vea.

c En realidad, no le gustan.

→ **Numera estas situaciones del 1 al 4, según el orden en el que suceden.**

☐ En el recreo, Yiman le contó sus recuerdos de China.

☐ Kumpey le dio sus regalos a Yiman.

☐ Yiman accedió a acudir a la academia el próximo sábado.

☐ Kumpey preparó las sorpresas para Yiman.

→ **Para la escritura china hacen falta los cuatro tesoros del estudio. ¿Cuáles son?**

☐ Brocha, tinta, tintero y dinero.

☐ Comida, papel, tintero y paciencia.

☐ Brocha, tinta, papel y tintero.

☐ Brocha, tinta, papel y música.

→ **Indica si cada una de estas afirmaciones es una opinión (O) o un hecho (H).**

	O	H
• Yiman se puso colorada al ver a Kumpey.	☐	☐
• Kumpey piensa que es una suerte tener dos nombres.	☐	☐
• Yiman piensa que Kumpey no puede entenderla.	☐	☐

→ **¿Qué recuerdos tristes tiene Yiman sobre China?**

Juega con las palabras

Busca cada palabra en la página indicada del libro. Lee el párrafo en el que está para deducir su significado.

➡ **Marca la definición correcta.**

- **punzón**
  (página 55)

  ☐ Hueso de la parte media del oído.
  ☐ Instrumento de hierro que termina en punta.

- **generación**
  (página 55)

  ☐ Conjunto de personas de la misma edad.
  ☐ Bulto pequeño y rojizo que sale en la piel.

- **garabatos**
  (página 57)

  ☐ Dibujo que se hace sin prestar atención.
  ☐ Insecto alargado con forma de palo.

- **paciencia**
  (página 57)

  ☐ Deseo desmedido de tener riquezas.
  ☐ Capacidad de hacer algo sin prisa.

- **brocha**
  (página 57)

  ☐ Utensilio para pintar con pelos o fibras.
  ☐ Máquina para cortar la hierba.

- **tintero**
  (página 57)

  ☐ Utensilio para poner las servilletas de papel.
  ☐ Recipiente donde se pone la tinta de escribir.

➡ **Completa las oraciones con palabras del ejercicio anterior.**

Los alumnos esperaron con _____ a que la profesora les diera la nota.

Mis padres pertenecen a la misma _____, porque nacieron el mismo año.

➡ **Escribe las palabras del ejercicio anterior que correspondan con las imágenes.**

_____   _____   _____

Palabra intrusa

Tacha la palabra incorrecta de cada pareja.

Y llegó el sábado **siguientes-siguiente**. Kumpey estaba tan

nervioso-nerviosa que le **temblaban-temblaba** las manos

y no podía **no-ni** hacer **mundos-nudos** marineros. Llevaba

toda **una-la** semana preparando una **sorpresa-sorpresas**

para Yiman, debía convencerla **por-para** que continuase en

los-la academia y no **sería-podía** fácil.

Ponle título

Escribe al lado de cada título la letra que se corresponde con las oraciones de abajo.

LA TRISTEZA DE KUMPEY		LA GRAN SORPRESA
UNA AMISTAD ESPECIAL		EL DESAFÍO

A Haría cualquier cosa con tal de volver a verla.

B No iba a ser fácil arrancarle una sonrisa a aquella niña.

C Eres una cobarde y no te atreves con algo nuevo que parece difícil.

D Lo miraba con los ojos muy abiertos.

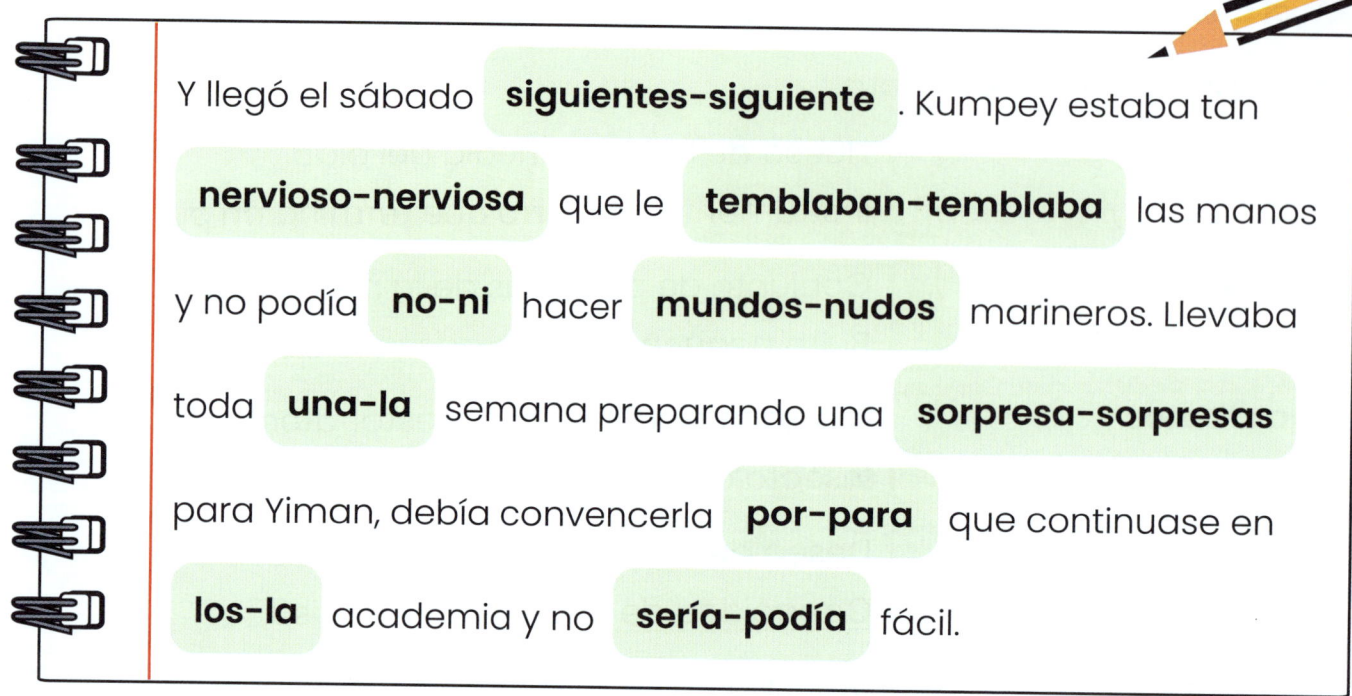

➡ **Elige el título que más te guste y explica por qué.**

Elijo el título con la letra _____ porque _____

_____

¡Mucha atención!

Indica el número de veces que aparecen repetidos los objetos.
Utiliza solo los ojos para contar.

.... veces.

.... veces.

.... veces.

.... veces.

¿Te adelantas al texto?

Lee este texto en voz alta sustituyendo los números por las palabras correspondientes.

1. caligrafía

2. escritura

3. disciplina

Te he traído este (**6**). Es para que vayas practicando la (**2**), ya verás que es muy (**4**). Al parecer, la (**1**) es un arte para la cultura china y mejora la paciencia y la (**3**). ¡A mí me tranquiliza cuando estoy (**5**)!

4. divertido

5. nervioso

6. pincel

Autoevaluación

¿Te **adelantas** al texto antes de pronunciarlo?

Valóralo del **1** al **10**

| 1 | 2 | 3 | 4 | 5 | 6 | 7 | 8 | 9 | 10 |

Solo con los ojos

Lee las palabras de cada columna de arriba abajo.

Podemos	chico,	Y
ser	pensaba	en
amigos,	que	mi
no	todos	familia
tengo	erais	todo
ningún	unos	son
amigo	brutos.	mujeres.

➜ **¿Qué pensaba Yiman de los chicos?** ....

....

Lee las palabras varias veces fijando la vista en el punto.

pena	● piedra		papel	● final
miedo	● mochila		tiempo	● miedo
semana	● bolsillo		escalera	● sorpresa

➜ **¿Qué palabra se repite dos veces?** ....

Busca las palabras que no se repiten y escríbelas.

prima	familia	pena	silla
pena	mejilla	silla	mundo
mejilla	perro	familia	perro
mundo	sonrisa	prima	

padre	niña	tesoro	imperio
suelo	señora	noche	muñeca
tesoro	noche	suelo	señora
muñeca	imperio	padre	

¡Lola en la Gran Muralla China!

Lee con atención esta entrevista y realiza las actividades.

GRANDES VIAJES

4 de octubre de 2025

LOLA BLANCO

China de cerca

Lola Agradecemos enormemente que nos conceda su tiempo para esta entrevista. Nos encontramos en la Gran Muralla China, una de las construcciones más impresionantes del mundo.

Soldado La Gran Muralla no es solo una construcción, sino un símbolo de la unidad y la fuerza de nuestro imperio.

Lola ¿Para qué se construyó?

Soldado Para proteger a China de los invasores. Nosotros, los soldados, desde nuestras torres de vigilancia podíamos avistar al enemigo.

Lola ¿Quiénes la construyeron y cuándo?

Soldado Millones de prisioneros y campesinos durante cientos de años. Se comenzó a construir hacia el año 221 a. C. y fueron necesarios muchos años para completarla.

Lola Parece que nunca termina, ¿cuánto mide la muralla?

Soldado Tiene una longitud total de 21 200 kilómetros. Desde lejos, la muralla se ve como la cresta de las escamas de un dragón.

Lola ¿Es cierto que la Gran Muralla es la única obra construida por el hombre que puede verse desde la Luna?

Soldado ¡Eso habrá que preguntárselo a los astronautas!

Lola Ha sido un placer hablar con usted, Sr. Soldado. Aquí se termina la entrevista de Lola en la Gran Muralla China. ¡Hasta pronto, amigos!

→ **Indica si las siguientes afirmaciones son verdaderas (V) o falsas (F).**

	V	F
Se comenzó a construir hacia el año 900.	☐	☐
Es un símbolo de la unidad del imperio.	☐	☐
Su finalidad es defender y proteger el reino.	☐	☐
Es la construcción más larga jamás construida por el hombre.	☐	☐

→ **¿Qué personas construyeron la Gran Muralla?**

☐ Prisioneros.   ☐ Campesinos.   ☐ Reyes.   ☐ Soldados.

→ **¿Desde dónde vigilaban los soldados?**

....

→ **¿Qué material recuerda a las escamas de un dragón desde arriba?**

....

JUEGO 6

LEE EN SILENCIO

Puedes consultar el libro las veces que lo necesites

¡Empezamos!

Lee el **capítulo 7** y, después, realiza las actividades.

➡ **¿Dónde escondió Kumpey sus tesoros?**

a En un armario.

b Debajo de una mesa.

c En una caja de zapatos.

➡ **Kumpey pidió ayuda a Nicolás para dibujar...**

a un oso panda.

b un dragón.

c un tigre.

➡ **¿Qué regaló Nicolás a Alicia?**

a Una brújula.

b Un reloj.

c Un sombrero.

➡ **El sábado siguiente Alicia...**

a fue a la academia y rechazó los regalos.

b no apareció por la academia.

c no quiso hablar con Kumpey.

➡ **Marca las afirmaciones que son verdaderas.**

☐ Nicolás dibuja mejor que Kumpey.

☐ La caja de zapatos era de una talla 36.

☐ El padre de Kumpey los invitó a un helado de chocolate.

☐ Nicolás no quiere conocer a Alicia.

➡ **Indica si cada una de estas afirmaciones es una opinión (O) o un hecho (H).**

O **H**

• Kumpey se pregunta si sus regalos no le gustan a Yiman. ☐ ☐

• Yiman no apareció por la academia al sábado siguiente. ☐ ☐

• Nicolás ayuda a Kumpey a dibujar un dragón. ☐ ☐

☐ ☐

➡ **¿Qué quiere decir la profesora con esta expresión?: «Estás en las nubes, baja de una vez».**

☐ que Kumpey está durmiendo.

☐ que Kumpey está triste.

☐ que Kumpey está distraído.

➡ **¿Qué es lo que más desea Kumpey?**

Juega con las palabras

Busca cada palabra en la página indicada del libro. Lee el párrafo en el que está para deducir su significado.

➡️ **Escribe el número de cada palabra junto a su significado.**

1 **pila** (página 61)

2 **desfiles** (página 62)

3 **leyendas** (página 62)

4 **escamas** (página 63)

5 **rascacielos** (página 63)

6 **ahuyentar** (página 67)

☐ Relatos fantásticos.

☐ Alejar a una persona o a un animal.

☐ Conjunto de cosas puestas una sobre otra.

☐ Edificios de gran altura y muchos pisos.

☐ Evento donde las personas caminan en fila.

☐ Láminas que cubren el cuerpo de los peces.

En espejo

Lee este texto en espejo y contesta a las preguntas.

—Me he enterado de que la brújula es un invento chino —dijo Nicolás.

Nicolás sacó un paquetito redondo del bolsillo. Cuando Kumpey lo abrió, encontró una brújula plateada preciosa.

—Tengo algo para que se lo des a Alicia, con la condición de que la convenzas para que venga algún día al barrio. —dijo Nicolás muy serio.

➡️ **¿De qué color es la brújula?** _____

➡️ **¿Qué país inventó la brújula?** _____

➡️ **¿Para qué sirve una brújula?**

☐ Para ver de cerca.   ☐ Para orientarse.   ☐ Para ver la hora.

➡️ **Nicolás le regala a Alicia la brújula a condición de que...**

_____

A ver si recuerdas

Señala con una cruz las seis palabras que aparecen en el texto de la página anterior.

- [ ] pieza
- [ ] barrio
- [ ] palacio
- [ ] bolsillo
- [ ] brújula
- [ ] almacén
- [ ] regalo
- [ ] paquetito
- [ ] agua
- [ ] invento
- [ ] juego
- [ ] día

Sigue las pistas

Lee las pistas para averiguar cuál de estos dragones es el verdadero dragón chino.

Pistas

Es de color rojo.

Parece una serpiente de cuatro patas.

Tiene orejas de toro y cuernos de buey.

Está cubierto de escamas.

→ El dragón chino es el que lleva la letra _____

Mensaje secreto

Escribe en cada espacio la letra que corresponda según esté a la izquierda (I) o a la derecha (D) de los números y lee un mensaje.

I		D
G	1	N
I	2	E
O	3	R
S	4	D
Y	5	P
Q	6	T
A	7	M
U	8	L

1D 3I   4I 2D   3D 2I 1D 4D 2I 3I   5I

5D 2D 1D 4I 3I   2D 1D   4I 8I   4I 2I 1I 8I 2I 2D 1D 6D 2D

3D 2D 1I 7I 8D 3I .

¿Levantas la mirada?

Lee este texto como si fueras un presentador de televisión. Alza los ojos cada vez que encuentres el símbolo ◉.

"Ha sido un domingo perfecto", ◉ pensó Kumpey. ◉ Y sabía que el siguiente sábado iba a serlo más. ◉ ¿Qué cara pondría Alicia cuando viese aquellos dos maravillosos regalos? ◉

Pero el sábado siguiente todas sus ilusiones se vinieron abajo: ◉ Yiman no apareció por la academia. ◉ Kumpey pensó que sus regalos y su esfuerzo no habían sido suficientes para convencer a la niña. ◉ Temía no volver a verla nunca más, ◉ y solo de pensarlo le entraban unas ganas enormes de llorar. ◉

Autoevaluación

Al leer, ¿diriges la **mirada** al auditorio?

Valóralo del 1 al 10

1 2 3 4 5 6 7 8 9 10

Solo con los ojos

Lee las palabras de cada etiqueta de un solo golpe de vista.

En cuanto llegó   a la zapatería   buscó   un lugar   donde esconder

aquellos   pequeños   tesoros.   El almacén   estaba lleno   de cajas,

pero,   por mucho   que buscó,   no   encontró   ninguna vacía.

➜ ¿Para qué buscaba una caja vacía?

....

Lee las palabras varias veces fijando la vista en el punto.

edad ● casa   patas ● dieta

oreja ● horno   resto ● serio

barrio ● lasaña   parque ● lasaña

➜ ¿Qué palabra se repite dos veces? ....

Escribe las palabras que se repiten en cada columna y el número
de veces que lo hacen.

A	B
caja	bota
toalla	nota
parque	cartón
malla	botón
tabla	bolsa
caja	ratón
tarta	botón
tabla	tortuga
tela	gota
toalla	bota
tesoro	gaviota
teatro	pelota
mañana	bota
toalla	bolsa

A

....

....

....

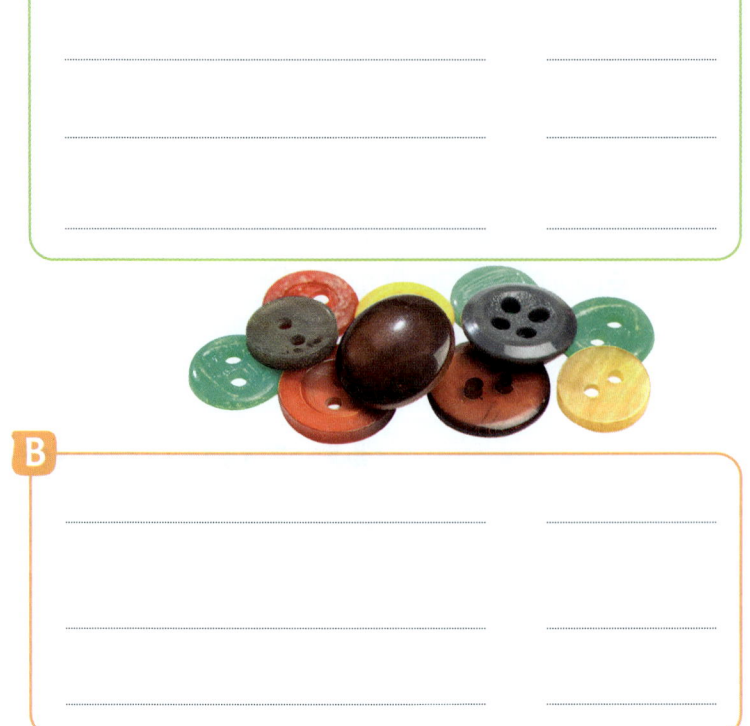

B

....

....

....

....

¿Qué haríamos sin...?

Lee con atención el artículo de esta revista y realiza las actividades.

Los inventos han conformado nuestro mundo y nos beneficiamos de ellos todos los días. Muchos inventos proceden de China.

¿Cuáles son? ¿Cómo sería nuestra vida sin ellos?

Sin el papel y la imprenta no podríamos leer libros, ni transmitir información.

Sin el timón, los barcos no podrían seguir una dirección y les arrastrarían las corrientes y los vientos.

Sin el reloj astronómico, no podríamos saber la hora exacta.

Sin el paraguas –sombrilla, no nos podríamos proteger del sol y la lluvia.

Sin la carretilla, sería muy complicado mover objetos pesados.

→ **Indica si las siguientes afirmaciones son verdaderas (V) o falsas (F).**

V F

- Sin el timón, los barcos irían siempre en la dirección correcta. ☐ ☐
- No podríamos navegar por el mar sin el reloj astronómico. ☐ ☐
- Sin el papel tendríamos que escribir en tablillas de arcilla. ☐ ☐
- Sin la carretilla, las piedras de gran tamaño tendrían que ser transportadas por animales. ☐ ☐

→ **¿Cómo sería vivir sin reloj? Marca las afirmaciones que son verdaderas.**

☐ Las noches se nos harían muy largas.

☐ Nos despertaríamos con la luz solar.

☐ Comeríamos solo cuando sintiéramos hambre.

☐ No tendríamos prisa por hacer algo.

→ **¿Cuáles de estos inventos echarías más de menos en tu día a día? ¿Por qué?**

_____

Organiza las ideas

Lee este texto.

El arte marcial chino se basa en la respiración, la concentración
y la defensa personal.

➡ **Identifica en este texto...**

- El concepto central: _____

- Los conceptos principales: _____

  _____

- Las palabras de enlace: _____

➡ **Ahora, completa el gráfico.**

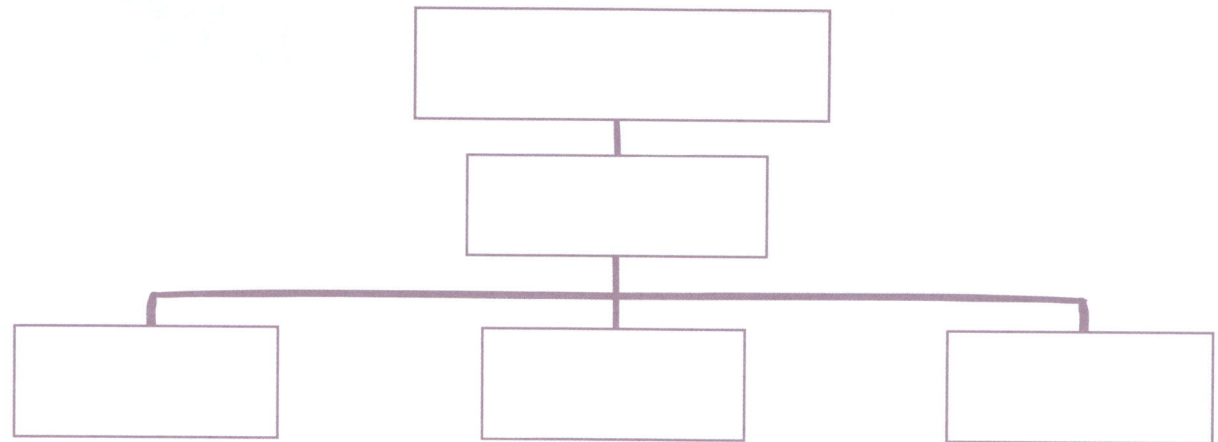

¡Y al revés!

➡ **Lee este gráfico e intenta reconstruir el texto con tus palabras.
Cuéntaselo al resto de la clase.**

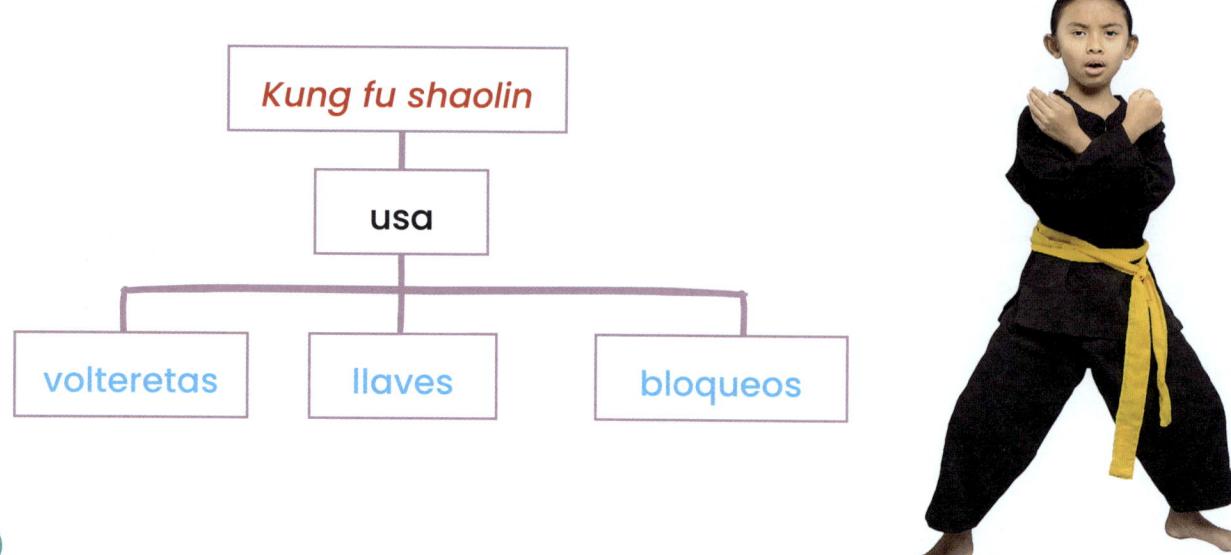

Kung fu shaolin

usa

volteretas   llaves   bloqueos

Necesito un dragón

Presta mucha atención al texto que vas a escuchar.
Luego, realiza las actividades.

El texto está
en las páginas
61 a 64 del libro.

➡ **¿Qué le dice Kumpey a Nicolás?**

a No hagas tantas preguntas y ayúdame.

b No pierdas el tiempo y ayúdame.

c Ven corriendo y ayúdame.

➡ **Nicolás copió el dragón...**

a de un libro.

b de una fotografía.

c del restaurante chino.

➡ **Kumpey añadió al dibujo de Nicolás...**

a escamas y una trenza de hilos.

b pegatinas de coches.

c no le añadió nada.

➡ **Los dragones están...**

a en la poesía y en las leyendas.

b en la televisión.

c pasados de moda.

➡ **Marca con una cruz las dos afirmaciones que son verdaderas.**

☐ Los dragones están en la entrada de los restaurantes chinos.

☐ Hay un plato de comida con forma de dragón.

☐ El horóscopo chino tiene el signo del dragón.

☐ Los dragones son los mejores animales de compañía.

➡ **¿Por qué en China construyen los rascacielos con un agujero?**

....

➡ **¿Para qué busca Kumpey información sobre China?**

....

....

➡ **Señala las características que describen a los dragones.**

☐ Son rojos.

☐ No tienen patas.

☐ Parecen una serpiente.

☐ Tienen cuatro patas.

☐ Tienen orejas de toro.

☐ Tienen cuernos de buey.

☐ Tienen escamas.

☐ Tienen plumas.

➡ **Inventa un nuevo título para el texto que has escuchado.**

....

JUEGO 7

LEE EN SILENCIO

Puedes consultar el libro las veces que lo necesites

¡Empezamos!

Lee el **capítulo 8** y, después, realiza las actividades.

➡ **Nicolás le dijo que...**

a se había enamorado de Yiman.

b se había enfadado con Yiman.

c se había olvidado de su amigo.

➡ **Yiman faltó a la academia porque...**

a estaba de viaje.

b tenía visita de unos familiares.

c estaba resfriada.

➡ **¿Cómo encontraron la zapatería?**

a Por casualidad.

b Porque Nicolás las llevó.

c Por el nombre de la tienda.

➡ **La aguja de la brújula señala...**

a el Norte.

b el Sur.

c el Oeste.

➡ **Indica si las siguientes afirmaciones son verdaderas (V) o falsas (F).**

	V	F
• Kumpey pensó que tenía sentido el nombre de la zapatería.	☐	☐
• La madre de Yiman les invitó a unos bocadillos.	☐	☐
• Kumpey les habló de los guerreros de terracota.	☐	☐
• Yiman fue a la zapatería obligada por su madre.	☐	☐

➡ **Numera estas situaciones del 1 al 4, según el orden en el que suceden.**

☐ Nicolás conoció a Yimán y los tres se divirtieron en el parque.

☐ Yiman y su madre aparecieron por sorpresa en la zapatería.

☐ Yiman no había acudido a la academia el sábado pasado.

☐ Kumpey entregó a Yiman sus dos regalos.

➡ **¿Por qué los helados más famosos son los italianos?**

_____

➡ **¿Cuál es el sueño de Kumpey? ¿Te atreves a escribir cuál es el tuyo?**

_____

_____

Juega con las palabras

Busca cada palabra en la página indicada del libro. Lee el párrafo en el que está para deducir su significado.

➡ **Escribe el número de cada palabra junto a su significado.**

1 **se desahogó** (página 68) ☐ Construcción de cuatro lados triangulares que termina en punta.

2 **contenerse** (página 69) ☐ Insistir mucho en algo.

3 **ha empeñado** (página 69) ☐ Pieza alargada y puntiaguda que sirve para señalar.

4 **aguja** (página 72) ☐ Escultura hecha de arcilla endurecida.

5 **terracota** (página 73) ☐ Exteriorizó sus emociones.

6 **pirámide** (página 73) ☐ Reprimir el movimiento del cuerpo.

➡ **Escribe la palabra del ejercicio anterior que corresponda a cada dibujo.**

A .... B .... C ....

➡ **Señala la oración en la que la palabra resaltada se utiliza correctamente.**

☐ Mi amiga está **empeñada** en ir al cine esta tarde.

☐ La ducha se **contiene** y no sale agua.

En clave

Lee el texto y elige las dos palabras que consideres más importantes para resumirlo.

El miércoles aún no se le había pasado la pena, estaba convencido de que no se le iba a pasar jamás. Se desahogó contándoselo todo a Nicolás, así se le quitó un poco el ahogo que casi no le dejaba respirar. Pero la carita redonda de Yiman no se le borraba del pensamiento.

➤ **Escribe un resumen sin fijarte en el texto usando las palabras elegidas.**

....

....

....

¿Qué falta?

➤ **Completa esta tabla con los verbos y los nombres que faltan.**

Nombres	Verbos
invento	
	regalar
comida	
	bailar
viaje	

➤ **Forma dos oraciones con algunas de las palabras anteriores.**

1 ....

2 ....

¡Mucha atención!

Localiza el helado que no se repite y rodéalo.

¿Cómo entonas?

Lee en voz alta las siguientes oraciones, cada vez con una de las entonaciones propuestas.

interrogación • exclamación • enfado • grito • pena

- Prefería usar su nombre en chino.
- No fue capaz de llevarle la contraria.
- Tenéis que viajar a la China mandarina.

Autoevaluación

¿Utilizas la **entonación** adecuada en la lectura en voz alta?

Valóralo del **1** al **10** →

1	2	3	4	5	6	7	8	9	10

Solo con los ojos

Lee las palabras de cada etiqueta de un solo golpe de vista.

Los helados   son   un invento chino.   Aunque   Marco Polo

se llevó   el invento   a Italia   y ahora   los helados

más famosos   son   los italianos.

➡ **¿De dónde son los helados y quién se llevó el invento a Italia?**

_____

Lee las palabras varias veces fijando la vista en el punto.

norte ● oeste	país ● postre
sueño ● abrazo	rincón ● detalle
tristeza ● pensamiento	abrazo ● corazón

➡ **¿Qué palabra se repite dos veces?** ....

¿Cuántas veces se repite la primera palabra de cada serie?

color	mejor, color, tambor, dolor, doctor, olor, picor, actor, color, terror, mejor, temblor, autor, frescor, sensor, pintor, criador, sopor, color, menor, pavor.	☐
risa	prisa, misa, lisa, risa, rifa, rizo, hizo, guiso, quiso, piso, pisa, risa, tiza, brisa, risa, lista, cita, tita, grita, pita, quita.	☐
noche	coche, choque, noche, bosque, cofre, cobre, bronce, noche, bote, corre, corte, coche, noche, donde, doce, noche, monje, roble, hombre, monte, noche.	☐

El misterio del Ejército de terracota

Lee con atención este cómic y realiza las actividades.

> ¡Nos llevará muchísimo tiempo!

El emperador Qin Shi Huang se hizo construir una sepultura monumental.

Al morir, fue enterrado allí junto con un ejército de soldados de terracota para defenderle en el más allá.

Muchos años después, un campesino cavaba un pozo y se encontró con una enorme figura.

¿Qué será esto?

PLASH

Los arqueólogos descubrieron 8.000 figuras entre guerreros, caballos y carros de guerra.

Construidas a tamaño natural en terracota, ningún guerrero es igual a otro, sus rasgos son diferentes.

➡ Indica si las siguientes afirmaciones son verdaderas (V) o falsas (F).

	V	F
• Unas fuertes lluvias descubrieron el Ejército de terracota.	☐	☐
• Las figuras están construidas en terracota a tamaño natural.	☐	☐
• El ejército está formado por 8000 figuras.	☐	☐
• Todas las figuras tienen la misma cara.	☐	☐

➡ ¿Por qué quería el emperador ser enterrado con un ejército de terracota?

_____

JUEGO 8

LEE EN SILENCIO

Puedes consultar el libro las veces que lo necesites

¡Empezamos!

Lee los **capítulos 9** y **10** y, después, realiza las actividades.

→ **De todos los regalos que Kumpey le hizo a Alicia, ella siempre lleva consigo...**

a la tortuga.

b la pulsera.

c la piedra.

→ **Kumpey se preocupó porque pensaba que...**

a Yiman estaba enfadada con él.

b Nicolás y Yiman no se llevaban bien.

c a Yiman le gustaba Nicolás.

→ **Alicia se despide de Kumpey:**

a con un beso.

b con un abrazo.

c diciendo «adiós».

→ **¿Qué había desaparecido?**

a Un billete de 10 euros.

b El sobre de cumpleaños de Yiman.

c La caja de tesoros.

→ **Numera estas situaciones del 1 al 4, según el orden en el que suceden.**

☐ La clienta se llevó la caja con los tesoros, pero sin las botas.

☐ La señora no encontró las botas en la caja.

☐ La señora recuperó sus botas y Kumpey sus tesoros.

☐ La madre de Kumpey había vendido unas botas a una clienta.

→ **Indica si cada una de estas afirmaciones es una opinión (O) o un hecho (H).**

O   H

• Kumpey piensa que Nicolás es más guapo que él.   ☐ ☐

• La señora compró las botas de la talla 38.   ☐ ☐

• Kumpey regaló a Yiman una tortuga negra de papel.   ☐ ☐

• El día que llovió, la señora fue a la zapatería.   ☐ ☐

→ **¿Por qué Kumpey deseó no volver a lavarse la cara nunca más?**

....

→ **Explica qué es el yin yang y dibuja en el recuadro cómo se representa.**

....

Juega con las palabras

Busca cada palabra en la página indicada del libro. Lee el párrafo en el que está para deducir su significado.

➡ **Escribe el número de cada palabra junto a su significado.**

1 **trastienda** (página 76)   ☐ Acercarse a alguien para preguntar.

2 **churretes** (página 82)   ☐ Persona que compra en una tienda.

3 **intuía** (página 84)   ☐ Mancha que ensucia la cara.

4 **puntual** (página 87)   ☐ Que llega a la hora acordada.

5 **abordaron** (página 87)   ☐ Cuarto que está detrás de la tienda.

6 **clienta** (página 90)   ☐ Percibía que algo iba a suceder.

Texto partido

Parte de este texto se ha cortado, pero seguro que eres capaz de leerlo. Después, contesta a las preguntas.

Así la colección fue aumentando: una tortuga negra hecha de papel, símbolo chino de sabiduría y de larga vida; una pulsera de color rojo bermellón, el de la suerte; un guerrero de terracota del emperador, aunque en realidad era un soldadito de plástico al que Kumpey había añadido algunos detalles; una cinta de pelo tejida por él mismo con cordones de la zapatería; un farolillo rojo que se llevó un domingo del restaurante de sus tíos; varios nudos marineros que le enseñó a hacer el Viejo Marino y que habían inventado los chinos, según aseguraba el niño —aunque no era cierto— y alguna piedra más de la Muralla China.

➡ **¿Qué objetos hay en la caja?**

....

➡ **La tortuga negra es símbolo de...**

....

➡ **¿Kumpey le hace creer que los nudos son un invento chino?**

☐ Sí   ☐ No

➡ **¿El guerrero de terracota qué era en realidad?**

....

A ver si recuerdas

Recuerda el texto de la actividad anterior. Fíjate bien en los dibujos y ordénalos según aparecen en él.

A

B

C

D

1 .... 2 .... 3 .... 4 ....

Un recorrido

Sigue en el mapa el recorrido que se indica.

→	Colócate en el punto de salida y avanza los siguientes cuadros:
1	4 cuadros hacia el este.
2	2 cuadros hacia el norte.
3	5 cuadros hacia el oeste.
4	4 cuadros hacia el norte.
5	3 cuadros hacia el este.
6	3 cuadros hacia el norte.
7	2 cuadros hacia el oeste.

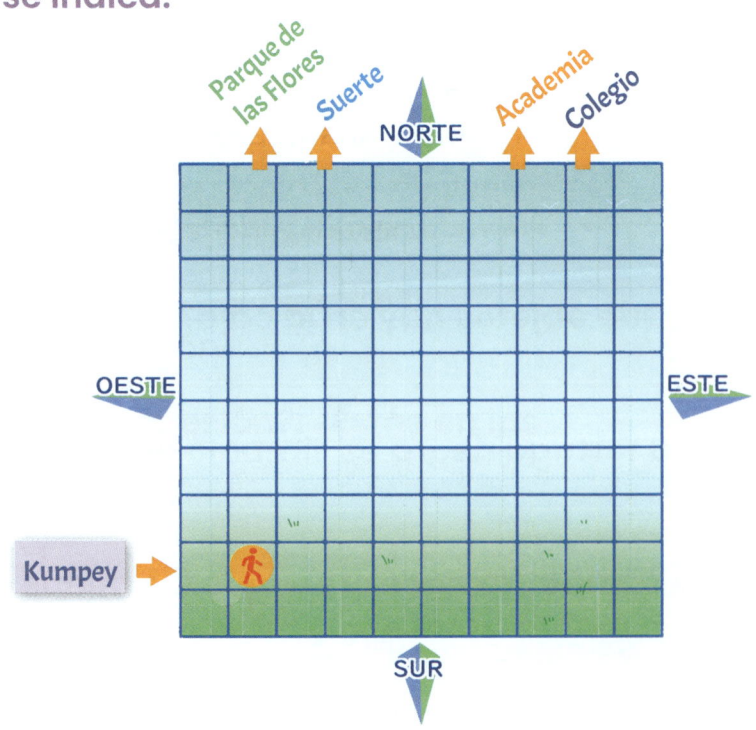

→ ¿A dónde ha llegado Kumpey? ....

¡Mucha atención!

Fíjate en los objetos del cuadro número 1. Escribe el objeto que falta en los siguientes cuadros.

Falta: ....

¿Cómo lees?

Lee este texto subiendo o bajando la entonación en la dirección que indique cada flecha.

—¿Crees que somos amigos?↑ ¿Dónde tienes la bolsa de chuches?↑

—Pues claro que somos amigos,↑ ¿o es que piensas que te doy parte de mi comida todos los días porque estoy a dieta?↑ Esta tarde,↑ cuando salgamos de clase,↑ me vas a explicar qué narices te está pasando y cómo rayos eres capaz de hablar con tu perro,↑ ¿de acuerdo?↑ ¡Y no pongas esa cara!↑ ¿Es que te crees que no me di cuenta el otro día?↑ ¿Ves cómo te crees todavía que los demás somos tontos?↑ Si quieres recuperar las chuches,↑ tendrás que contármelo todo.↓

Autoevaluación

¿Haces las pausas correctamente y con naturalidad?

Valóralo del 1 al 10

1 2 3 4 5 6 7 8 9 10

Solo con los ojos

Lee el texto intentando abarcar cada línea en un solo golpe de vista.

Tú
le gustas
más, está
claro. Por ti
va a la academia
a estudiar chino,
por ti va los miércoles
a la zapatería, por ti
ya se ríe, por ti
quiere viajar
al País de las
Maravillas.

➜ **¿Qué le dice Nicolás a Kumpey sobre Yiman?**

Lee las palabras varias veces fijando la vista en el punto.

beso ● sol

cena ● caja

parque ● paquete

caja ● bolsa

dibujo ● rincón

secreto ● minuto

➜ **¿Qué palabra se repite dos veces?**

En estos dos textos cambian algunas palabras. Subráyalas en el texto de la derecha.

A la madre de Kumpey le extrañó no haberse dado cuenta, cuando vendió las botas, de que la caja estaba vacía, porque no pesaba nada. Y más le extrañó que su hijo encontrase a la primera unas botas perdidas fuera de su caja. Pero como todo se solucionó enseguida, prefirió no saber más.

A la madre de Kumpey le sorprendió no haberse dado cuenta, cuando vendió el calzado, de que la caja estaba vacía, ya que no pesaba nada. Pero más le asombró que su hijo localizase a la primera unas botas perdidas fuera de su caja. Aunque como todo se solucionó rápidamente, prefirió no preguntar más.

Vivir en armonía

Lee con atención estos consejos y realiza las actividades.

CONSEJOS PARA VIVIR EN ARMONÍA

1. Respeta a los demás

2. Comparte

3. Da las gracias

4. Respira profundo

5. Desconecta de pantallas

6. Camina descalzo

7. Sonríe

→ **Indica si las siguientes afirmaciones son verdaderas (V) o falsas (F).**

	V	F
• Compartir nuestras cosas es una muestra de cariño y generosidad.	☐	☐
• Todos somos iguales, nadie es diferente.	☐	☐
• Si estás nervioso, respirar profundamente ayuda a calmarte.	☐	☐
• Sonreír a los demás transmite cercanía.	☐	☐

→ **¿Qué consejo crees que es el más fácil de seguir? ¿Y el más difícil?**

....

....

→ **¿Crees que sonreír hace que te sientas más feliz? Y, ¿tu sonrisa hace más felices a los demás?**

....

→ **¿Qué opinas sobre desconectar de los dispositivos electrónicos de vez en cuando?**

....

JUEGO 9

LEE EN SILENCIO

Puedes consultar el libro las veces que lo necesites

¡Empezamos!

Lee el **capítulo 11** y, después, realiza las actividades.

→ **Indica si las siguientes afirmaciones son verdaderas (V) o falsas (F).**

	V	F
• Kumpey organizó una fiesta de cumpleaños sorpresa a Yiman.	☐	☐
• El cumpleaños se celebró en casa de los tíos Chen.	☐	☐
• La idea de la tarta fue de los primos Dishi y Chao.	☐	☐
• Un *hogbao* es un plato típico chino.	☐	☐
• Nicolás usaba muy bien los palillos, pero Yiman no.	☐	☐
• El deseo de Yiman al soplar las velas fue ir a China con Kumpey.	☐	☐
• Toda la familia decidió ahorrar para ir a la China mandarina.	☐	☐

→ **Marca las afirmaciones verdaderas.**

☐ Se preparan tres teteras.

☐ Solo pueden asistir adultos.

☐ Es un ritual para relajarse.

☐ El té debe tomarse rápido.

☐ Es una forma de mostrar gratitud.

☐ Es un ritual para antes de dormir.

→ **¿Crees que Kumpey ha conseguido que Yiman vea China como el País de las Maravillas? Razona tu respuesta.**

....

....

→ **¿Conoces a alguien que venga de otro país? Escribe su historia.**

....

....

....

Juega con las palabras

Busca cada palabra en la página indicada del libro. Lee el párrafo en el que está para deducir su significado.

➡ **Escribe cada palabra al lado de su definición.**

- **guirnalda** (página 94)
- **boquiabierta** (página 97)
- **aroma** (página 101)
- **longevidad** (página 95)
- **hospitalidad** (página 99)
- **astrología** (página 103)

1 Buena acogida a los visitantes. _____

2 Ciencia que estudia el movimiento de las estrellas. _____

3 Olor muy agradable. _____

4 Que alcanza una edad muy avanzada. _____

5 Tira tejida de flores y ramas. _____

6 Asombrada, alucinada. _____

➡ **Señala la oración en la que la palabra resaltada se utiliza correctamente.**

☐ El pantalón es muy largo, voy a que me arreglen su **longevidad**.

☐ El final del libro me dejó **boquiabierta**.

➡ **Elige una palabra del ejercicio anterior de la que no conocías su significado o te parezca difícil. Escribe una oración con ella.**

_____

_____

Al completo

Completa el texto escribiendo los números de las frases en los lugares adecuados.

1 escrito   **2** con letras chinas   **3** de chocolate   **4** de Alicia

¡Fíjate en el ejemplo!

Era un pastel **3** que llevaba ☐ el nombre ☐ en español y el de Yiman ☐ .

¡Sigue las pistas!

Lee las pistas para averiguar cuál de estos platos son *jiaozi*.

Son como raviolis o empanadillas pequeñas.

Se acompañan de salsa de soja.

Están rellenos de carne y verduras.

Se comen en la fiesta de los farolillos.

Pistas

A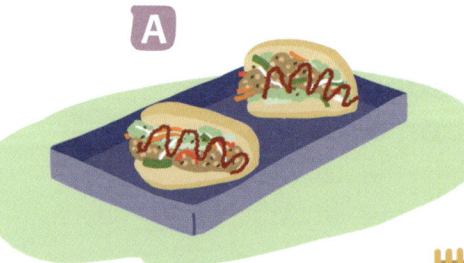

B

C

D

E

➡ Los *jiaozi* son los que llevan la letra _____

¿Cuántas veces?

Cuenta las veces en las que aparecen los grupos de letras que se indican.

digestión   coger   genial   congelar

gelatina   GENEROSO   digerir   magia

colegio   página   energía   vigilante   dirigir

GE: _____   GI: _____

¡Os toca!

¡Recordad las habilidades que habéis trabajado!

Preparad este texto para leerlo en voz alta por parejas.

YIMAN	¡Están escritos mis dos nombres!
KUMPEY	¡Qué bien! Ya sabes leer en chino.
YIMAN	Bueno, solo sé leer eso y poco más. Esa escritura de huellas de pájaros es muy difícil..., ¡pero lo conseguiré!
KUMPEY	¡Vamos, sopla las velas y pide un deseo!
YIMAN	¿Sabes qué deseo he pedido?
KUMPEY	No. ¡Cuéntamelo!
YIMAN	Viajar juntos al País de las Maravillas. ¡A la China mandarina!

→ Ahora, volved a leer el diálogo cambiando de personaje.

Autoevaluación

Evalúa del 1 al 10 las **habilidades lectoras** representadas en la tabla.

Valóralo del **1 al 10** → 1 2 3 4 5 6 7 8 9 10

Postura ☐   Mirada ☐   Velocidad ☐   Entonación ☐   Volumen ☐

Solo con los ojos

Lee las palabras de cada etiqueta de un solo golpe de vista.

Los mayores   se miraron   algo serios,   no sería fácil   juntar tanto dinero,

pero   no querían disgustar   a los chavales.   En verdad,

hacía demasiado tiempo   que no regresaban   a su país.   Ya era hora

de planteárselo,   aunque tardasen   uno o dos años   en conseguirlo.

➜ **¿Qué es lo que no sería fácil?** ....

Lee las palabras varias veces fijando la vista en el punto.

mesa ● bola	vida ● hora
sobre ● agua	farol ● mantel
farol ● tienda	naranja ● persona

➜ **¿Qué palabra se repite dos veces?** ....

Busca en la columna las soluciones.

juego	367
monedas	403
dedos	549
agua	160
familia	683
chucherías	905
infusión	184
velas	773
aventura	600
recreo	806
taza	452
libro	206
tenedor	719
domingo	590
regalos	330
pulsera	468
felicidad	111
niños	957
sorpresa	703
restaurante	307

a) Escribe el número que corresponda a cada palabra.

pulsera: ....

agua: ....

sorpresa: ....

taza: ....

b) Escribe la palabra que se corresponda a cada número.

206: ....

957: ....

683: ....

773: ....

El horóscopo chino

Descubre las características del horóscopo chino y realiza las actividades.

Día a día

CULTURA

Los doce animales del horóscopo chino

1 RATA	2 BUEY	3 TIGRE
inteligente, exigente, ambicioso	trabajador, paciente	valiente, apasionado
4 CONEJO	**5 DRAGÓN**	**6 SERPIENTE**
cariñoso, tímido	entusiasta, enérgico	inteligente, adaptable
7 CABALLO	**8 CABRA**	**9 MONO**
aventurero, alegre	creativo, sensible, pacífico	astuto, independiente
10 GALLO	**11 PERRO**	**12 CERDO**
organizado, honesto	leal, sincero	generoso, tolerante

→ **Indica si las siguientes afirmaciones son verdaderas (V) o falsas (F).**

V F

- Las personas nacidas en el año del caballo son aventureras.
- Los nacidos en 2017 tienen el signo de la cabra.
- Las serpientes se adaptan fácilmente a distintas situaciones.
- Los nacidos en 1999 tienen el signo del conejo.

→ **Marca tres rasgos del signo de la rata.**

- ☐ Valientes.
- ☐ Inteligentes.
- ☐ Generosos.
- ☐ Trabajadores.
- ☐ Ambiciosos.
- ☐ Exigentes.

→ **Une las palabras con sus contrarios.**

Generoso •   • Caótico
Leal •   • Atrevido
Cariñoso •   • Vago
Valiente •   • Cobarde
Tímido •   • Desleal
Trabajador •   • Distante
Organizado •   • Tacaño

 Organiza las ideas

Lee este texto.

Las razas de perros más conocidas en China son el pekinés, el *shih-tzu* y el *shar pei*. El pekinés se caracteriza por ser cariñoso y leal; el *shih-tzu*, por su carácter juguetón y divertido y el *shar pei* por ser valiente y protector.

➜ **Identifica en el texto...**

- El concepto central: ....

- Los conceptos principales: ....

- Otros conceptos: ....

- Las palabras de enlace: ....

➜ **Ahora, completa el gráfico.**

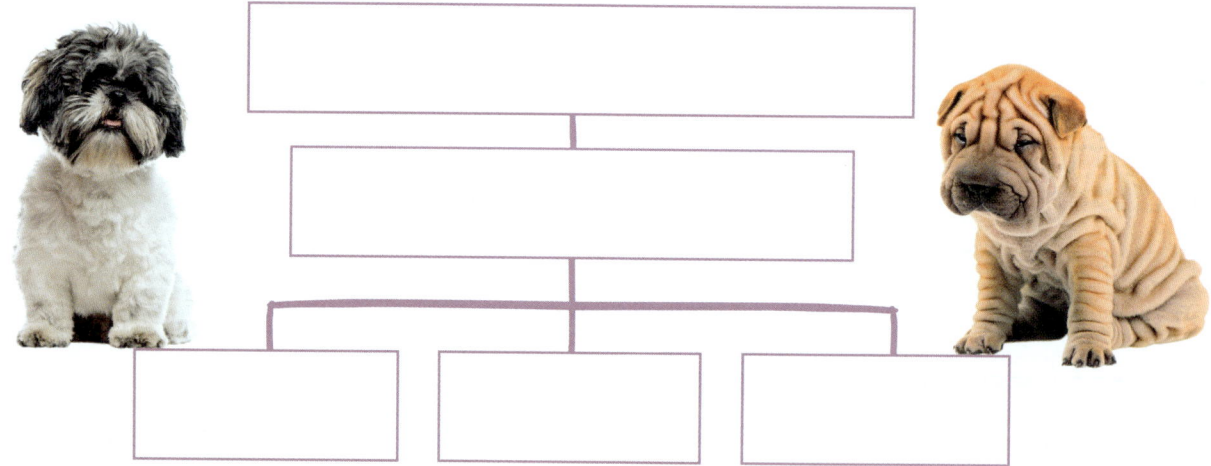

¡Y al revés!

➜ **Leyendo solo el gráfico, intenta reconstruir el texto con tus palabras.**

....

....

....

➜ **Por último, cuéntaselo al resto de la clase.**

¡Cumpleaños en el País de las Maravillas!

Presta mucha atención al texto que vas a escuchar. Luego, realiza las actividades.

 El texto está en las páginas 96 a 98 del libro.

➡ **¿Quiénes prepararon la fiesta de cumpleaños?**

a Kumpey y toda su familia menos Dishi y Chao.

b Kumpey, toda su familia y Nicolás.

c Kumpey y Nicolás.

➡ **¿Qué hizo Yiman cuando entró?**

a Se quedó boquiabierta y abrazó a sus amigos.

b Se quedó boquiabierta y lloró.

c Se rio y abrazó a sus amigos.

➡ **Toda la comida de la fiesta era...**

a española.

b italiana.

c china.

➡ **El día del cumpleaños era...**

a un domingo soleado.

b un jueves con lluvia.

c un sábado caluroso.

➡ **Marca con una cruz las tres afirmaciones que son verdaderas.**

☐ En China, las comidas comienzan por el postre.

☐ En los cumpleaños, se comen fideos largos para desear una vida muy larga.

☐ En la fiesta de los farolillos se comen *jiaozi*.

☐ Las bolas de arroz rellenas de puré dulce son típicas de China.

➡ **¿Y a ti, te gustan las fiestas de cumpleaños sorpresa? ¿Has organizado alguna? ¿Te han sorprendido con alguna fiesta?**

....

....

....

➡ **Inventa un nuevo título para el texto que has escuchado.**

....

En la realización de esta obra han intervenido:

Asesoría
Isabel González Navarro

Edición
Patricia Penanes Blanco

Maquetación
Raquel Horcajo Morona

Diseño gráfico
Cristóbal Gutiérrez Camacho y Antonio Sereno Recio

Ilustración
Silvia López Cabaco

Fotografía
123RF y colaboradores e iStock

Los **audios** para «Escucho y Comprendo» (páginas 23, 43 y 63) están disponibles en

Las actividades de este cuaderno, que se basan en el libro publicado
por el Grupo Editorial Bruño en su colección «Altamar», están elaborados de acuerdo
con los criterios psicopedagógicos y los requerimientos del Proyecto Editorial
de Juegos de Lectura - Lectura Eficaz.
La denominación **Juegos de Lectura - Lectura Eficaz** (distintivo con gráfico)
está registrada a nombre de Grupo Editorial Bruño, S. L. (marca M1567099).

© del texto: Grupo Editorial Bruño, S. L., 2025
© de esta edición: Grupo Editorial Bruño, S. L., 2025
      Valentín Beato, 21
      28037 Madrid

ISBN: 978-84-696-3584-1
Depósito legal: M-834-2025

Printed in Spain